**Feiliúnach do Pháistí ó 4 bliana
go 7 mbliana d'aois**

© Téacs 1995, Martin Waddell
© Léaráidí 1995, Paul Howard
Walker Books Ltd (Londain) a chéadfhoilsigh
faoin teideal *John Joe and the Big Hen*
© Rialtas na hÉireann 1995, an leagan Gaeilge
ISBN 1-85791-148-2

Arna chlóbhualadh sa Bheilg
Computertype Tta a rinne an clóchur
i mBaile Átha Cliath

Le ceannach díreach ón
Oifig Dhíolta Foilseachán Rialtais,
Sráid Theach Laighean,
Baile Átha Cliath 2
nó ó dhíoltóirí leabhar.
Nó tríd an bpost ó:
Rannóg na bhFoilseachán,
Oifig an tSoláthair,
4-5 Bóthar Fhearchair,
Baile Átha Cliath 2

An Gúm, 44 Sráid Uí Chonaill Uacht., Baile Átha Cliath 1

Seáinín
— agus an —
Chearc Mhór

Martin Waddell
a scríobh

Paul Howard
a mhaisigh

Máire Uí Mhaicín
a rinne an leagan Gaeilge

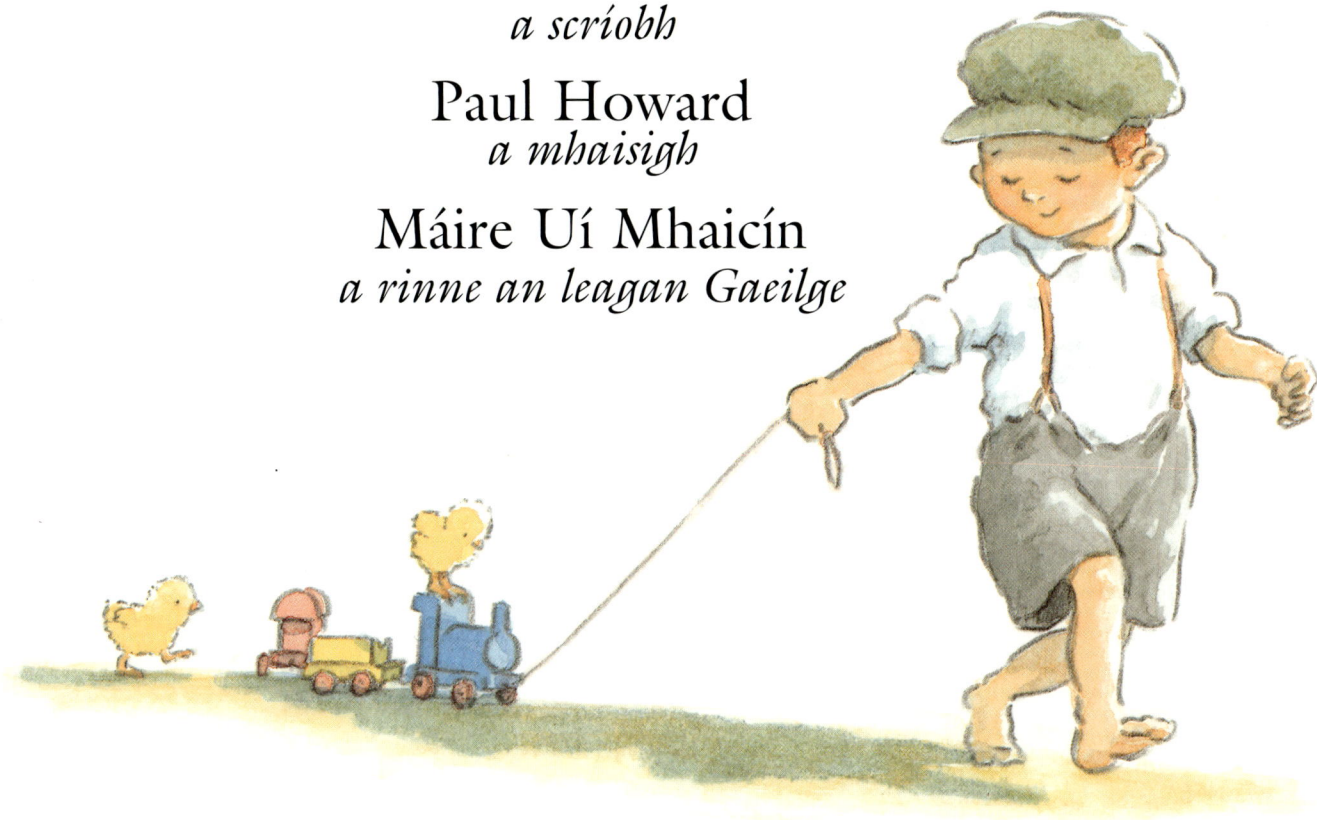

AN GÚM
Baile Átha Cliath

'Tabhair thusa aire do Sheáinín inniu,' a dúirt Mamaí le Séimín. Bhí Máire ag léamh leabhair agus bhí Mamaí i mbun a cuid oibre. Bhí Bearnaí, an madra, ag ligean a scíthe agus an cat ina chodladh ar leac na fuinneoige.

Tar éis tamaill d'éirigh Séimín tuirseach de bheith ag tabhairt aire do Sheáinín. B'fhearr leis a bheith ag spraoi lena chara Liaimín Ó Braonáin.

'Táimse ag dul síos an bóithrín chuig muintir Bhraonáin,' arsa Séimín le Máire.

'Beir leat Seáinín,' arsa Máire, ach bhí
Séimín imithe agus Bearnaí
lena shála.

'Táimse fágtha liom féin!' arsa Seáinín le Máire. 'B'fhearr duit é a rá le Mamaí.'
'Tá Mamaí gnóthach,' arsa Máire.
'Socróidh mise le Séimín s'againne!'
Rug Máire greim láimhe ar Sheáinín agus as go brách leo síos an bóithrín ag lorg Shéimín.

Chuaigh siad chomh fada le teach mhuintir
Bhraonáin ach ní fhaca siad Séimín. Bhí
Máire ar buile mar nárbh uirthi a bhí an
dualgas aire a thabhairt do Sheáinín an lá sin.
'B'fhéidir go bhfuil siad thíos ag an sruthán,'
arsa Seáinín.
'Ba cheart dom dul á lorg, ach tá tusa
róbheag le dul síos ansin,' arsa Máire, 'agus
ní féidir liom tú a fhágáil anseo gan aon
duine leat ag tabhairt aire duit.'
'Tabharfaidh mé aire dom féin!' arsa Seáinín.

Tháinig cearc mhór mhuintir Bhraonáin chun féachaint ar Sheáinín. Bhí Seáinín cleachtach le cearca a Mhamaí, ach ní raibh aon cheann acu chomh mór le cearc mhór mhuintir Bhraonáin. 'Ní chuireann tusa aon eagla orm!' a dúirt Seáinín leis an gcearc.

'Fan amach uaim, a chearc nó
tabharfaidh mé cic sa tóin
duit!' a dúirt Seáinín …
ach níor imigh an chearc.

Chuaigh Seáinín in airde ar
an mballa, mar bhí faitíos air
go n-íosfadh an chearc é.

'A BHEAN UÍ BHRAONÁIN!' a bhéic Seáinín,
ach ní raibh Bean Uí Bhraonáin istigh.

'A MHÁIRE!' a scréach Seáinín, ach bhí Máire imithe ag lorg Shéimín, agus níor chuala sí é.

'Ó, A MHAMAÍ!' arsa Seáinín go brónach. Ach bhí Mamaí i bhfad uaidh .... sa bhaile.

Bhí Seáinín ina aonar agus an chearc mhór á leanúint. Cad a dhéanfadh sé?

D'fhill Máire ar theach mhuintir Bhraonáin agus Séimín léi, agus Bearnaí, ach ....

'Cá bhfuil Seáinín s'againne?' arsa Séimín.

'A SHEÁINÍN!
A SHEÁINÍN!

A SHEÁINÍN S'AGAINNE!'
a bhéic Séimín.

'A SHEÁINÍN!'
a bhéic Máire.

Ní raibh Seáinín leis na cearca sa chlós.

Ní raibh Seáinín i gclós na muc.

Ní raibh Seáinín sa díog.

Ní raibh Seáinín sa scioból.

'Téigh ag lorg Sheáinín, a Bhearnaí,' arsa Séimín.

Shiúil Bearnaí timpeall ag
smúracht na talún … in airde
leis ar an tuí … ansin … ar an
mballa. Go tobann léim sé
isteach sa ghort coirce agus
é ag tafann gan stad.

BHUF! BHUF! BHUF!

'Bhí an chearc mhór sa tóir orm!'
arsa Seáinín.
'Shíleamar go raibh tú caillte,'
arsa Máire, agus Seáinín á iompar
aici suas an bóithrín.

'Bhí eagla ar Sheáinín roimh chearc mhór mhuintir Bhraonáin,' arsa Máire. 'D'imigh sé i bhfolach sa choirce. Shíleamar go raibh Seáinín beag s'againne caillte.'
'Níor mhaith liom mo Sheáinín beag a chailliúint!' arsa Mamaí.

'Ortsa a bhí cúram Sheáinín
inniu agus níor thug tú aire
dó,' arsa Máire le Séimín.
'Dhera, nár thug mé aire
dom féin,' arsa Seáinín.